ÓNDE
ES IR?

WITHDRAWN

Viajamos

EL BARCO

Montse Ganges
Cristina Losantos

Combel
EDITORIAL

www.combeleditorial.com

NAVEGA POR EL AGUA,
A VELA O A MOTOR. ¿QUÉ ES?

Navega por el agua,
a vela o a motor. ¿Qué es?

2

¡ES EL BARCO!
HAY MUCHOS BARCOS DISTINTOS.

¡Es el barco!
Hay muchos barcos distintos.

HAY BARCOS QUE VAN A PESCAR...
CON UNAS REDES MUY GRANDES.

Hay barcos que van a pescar...
con unas redes muy grandes.

6

7

HAY BARCOS CON LA PROA MUY FUERTE...
Y NAVEGAN POR MARES HELADOS.

Hay barcos con la proa muy fuerte...
y navegan por mares helados.

8

HAY BARCOS QUE SON
COMO UNA GRAN CIUDAD.
CON PISCINAS, CINES, TIENDAS
Y CAMAROTES PARA LOS TURISTAS.

Hay barcos que son
como una gran ciudad.
Con piscinas, cines, tiendas
y camarotes para los turistas.

HAY BARCOS QUE DAN LA VUELTA
AL MUNDO. ¡A VER
QUIÉN LLEGA PRIMERO!

Hay barcos que dan la vuelta
al mundo. ¡A ver
quién llega primero!

HAY BARCOS
QUE VAN MUY CARGADOS...
Y VAN MÁS DESPACIO.

Hay barcos
que van muy cargados...
y van más despacio.

15

Y TAMBIÉN HAY BARCOS FANTÁSTICOS.
¡AL ABORDAJE!

Y también hay barcos fantásticos.
¡Al abordaje!

PERO TODOS LOS BARCOS,
SEAN COMO SEAN, DESPUÉS
DE MUCHO NAVEGAR ATRACAN.
¿SABES DÓNDE?

Pero todos los barcos,
sean como sean, después
de mucho navegar atracan.
¿Sabes dónde?

18

¿QUIERES APRENDER A HABLAR COMO LOS MARINEROS? ESTOS NOMBRES SON LAS PARTES DE UN BARCO. LA PARTE DELANTERA SE LLAMA PROA Y LA DE ATRÁS, POPA.

POPA

PROA

BABOR

20

EN LA PARTE SUPERIOR ESTÁ LA CUBIERTA Y A VECES TAMBIÉN LAS VELAS Y EL PALO. DENTRO, LOS MARINEROS Y LOS PASAJEROS DUERMEN EN LOS CAMAROTES, LAS HABITACIONES DE UN BARCO.

ESTRIBOR

PALO

VELA

CAMAROTE

AHORA YA CONOCES MUCHOS BARCOS DISTINTOS.
CADA UNO SE UTILIZA PARA UNA COSA DETERMINADA:
UNOS TIENEN UNAS REDES MUY GRANDES PARA PESCAR,

DE PESCA

ROMPEHIELO

VELERO DE REGATAS

22

OTROS SON LARGOS Y ESTRECHOS Y TRANSPORTAN CONTENEDORES CON ROPA, COMIDA Y OTRAS MERCANCÍAS DE UN PAÍS A OTRO. TAMBIÉN HAY BARCOS DE VELA QUE HACEN REGATAS ALREDEDOR DEL MUNDO.

CRUCERO

FERRY

DE CARGA

¿QUIERES SUBIR?